REFRÁN DE AMOR

Sofía Martín Jiménez

REFRÁN DE AMOR

Sofía Martín Jiménez

Edición limitada y numerada de 300 ejemplares

150

Piezas
Azules

COLECCIÓN PIEZAS POÉTICAS

Primera edición, enero 2025
©Sofía Martín Jiménez, Refrán de amor

Del prólogo: ©Luna Miguel
De la fotografía de la autora: ©Paloma G. de Canales

Ilustraciones interiores y de portada:
©Andrea López Montero www.andrealopezmontero.com

Edición: ©Piezas Azules, editorial independiente
piezasazuleseditorial.com

ISBN: 978-84-129256-2-3
Depósito legal: M-26261-2024

Impreso en Estugraf, Ciempozuelos.

Piezas Azules llamábamos en nuestro lenguaje a los proyectos locos que se nos ocurrían. Eran proyectos con los que nunca nos haríamos ricos, con los que posiblemente nos hiciéramos más pobres, pero eran tan bonitos que tenían la vocación de no quedarse para siempre en el terreno de los sueños.

Corazón a través del espejo

De entre los animales, personas, cosas y corazones que por aquí se pasean, llama la atención un conejo blanco que de pronto mira su propio reloj y se enmaraña en la tristeza de la prisa. Quiero pensar que en ese animalillo peludo reside parte del sentido de este libro de poemas: el tiempo y, más concretamente, el tiempo del amor y, más concretamente aún, el tiempo irreal de todos los amores —malos o buenos— que nos atravesaron. La autora de este libro, Sofía Martín Jiménez, es una gran conocedora del tiempo, y si sé que le obsesiona el estudio de las huellas que los días dejan en nosotras, es porque las obras que hemos podido leer de su autoría hasta la fecha tienen como fondo la vejez, la edad, el crecimiento, el miedo a los relojes, la fascinación por esa cosa que, al acabarse, también acaba con nosotras: tic, tac, tic, tac, tic, tac.

Es curioso que los relojes no sean sino la imitación de un ritmo mucho más humano. Tiene sentido, entonces, que el poemario de Martín Jiménez se titule Refrán de amor, pues es un artefacto que late. ¿Qué es el corazón sino el reloj del cuerpo? ¿Qué es el latido del corazón humano sino el instrumento que marca todos nuestros ritmos? El ritmo de Refrán de amor es a veces suave y a veces muy intenso. Martín Jiménez mezcla poemas breves, más bien aforísticos, con otros poemas que si se extienden es porque en ellos resuenan múltiples voces. Aunque a la poeta la podemos imaginar narrando ella sola, lo cierto es que a su alrededor es imposible no escuchar los coros, los cuchicheos de las abuelas, los gritos de los niños en una tarde de domingo, el ritmo del reloj en una sala de espera, o los poemas canónicos a los que ella homenajea, ahí escondiditos, pero bien presentes, pues además del corazón, ¿no es la literatura ajena la que certifica el tiempo que no existe?

He dicho que hay niños gritando… me equivocaba: son niños cantando. Son voces infantiles meciéndonos con melodías familiares al oído. ¿Son cantos populares? ¿Son las adivinanzas de nuestra infancia? ¿O acaso son marcas de un refrán? Refrán de amor es el homenaje a esa canción popular que se nos clava en la carne. Los refranes, de hecho, son la herramienta del anclaje. Un refrán nos lleva al pasado, pero su verdad será útil en el futuro, incluso si parece que se está pronunciando en nada más que para un presente. Un refrán es la conservación de lo que fuimos, al mismo tiempo que el consejo para quienes aún no somos. No me extraña que Sofía Martín Jiménez, amante de lo popular y del juego, amante de los poemas que son canciones y que son iluminaciones, nos quiera invitar a su refranero amoroso, para explicarnos con mucha delicadeza el modo en que la literatura no puede salvar a un corazón roto, por mucho que en ocasiones las bibliotecas nos inviten a «Leer antes de amar».

Eso último que he citado es un verso de la misma Martín Jiménez. Forma parte del último conjunto de poemas del libro, en los que la poeta ya no tiene reparo en ser más burlona, e incluso en condenarse a sí misma: «Se me han roto todos los libros». De este modo, la poeta quita importancia a sus palabras, con una modestia que en verdad nos muestra toda su ternura. La pregunta pica a quienes la leemos: ese síndrome de la impostora que por momentos asoma en las páginas de este libro, ¿es por la literatura, o por el amor? Me aventuraré a decir que Sofía Martín Jiménez no es impostora ni en el arte de amar ni en el de escribir, y que, si en todo caso decide disfrazarse, enmascararse, vestirse con pieles blancas de conejito de Alicia, lo hace por ese tiempo criminal contra el que su refranero lucha. Qué lucidez y qué belleza la de su pulso poético. Con cuántas ganas de abrazar y de ser abrazada sale una de aquí, en busca de un nuevo corazón que haga tic, tac, tic, tac, tic, tac. Refrán de amor es un respiro entre las punzadas de las agujas de un reloj. Un libro que, en lugar de detener el tiempo, lo acelera, y luego lo amansa, y luego lo vuelve a enloquecer con sus versos. «¿Amaréis mejor?», canta la poeta. Y, gracias a ella, yo sé que sí.

Luna Miguel
Barcelona, noviembre de 2024

Te hablé también, alguna vez en mis cartas, de mi mano desprendida de mi cuerpo y volando en la noche a través de la ciudad para hallarte.

Alfonsina Stomi, *Poemas de amor*

Es de raíces hondas
el deseo de una mujer;
violeta agestre.

Kaga no Chiyo

Per sentirti ciò che accade dentro di me ho bisogno soltanto di una tua manifestazione di carne, di vederti per un secondo per parlare di te attraverso i secoli.

Alda Merini, *Cuerpo de amor*

Cantaban los niños:

Refrán de amor,
refrán de amor.
Ya te quisieron
¿Querrán mejor?

Y no cesaban,
no cesaban.

El salón era un entramado verbal.
Un salón de fiestas,
en las copas de helado y macedonia
se labraban puntos balsámicos.

Pululaban como en toda fiesta noventera,
el padrino borracho
y el novio sin corbata.

Gozaban, cuánto gozaban
y cantaban, bien que cantaban.
Era el ruido tan fuerte que el movimiento se
paró.

La niña dijo aquel refrán que ya conocían
y salió cuidadosamente
en la lejanía, un eco servicial.

Gusanos con alas dentro,
el crepitar de un naranjo,
un cuarzo atravesado de luz.

Las orquídeas podrían
enredarse en las manos
y susurrar bondades.

Todas las palabras
podría conjugarlas,
pero.

Ya sabes lo que dice el refrán

El corazón con forma de castaña
me hinqué las púas con su coraza.
De bien nacida es ser valiente.

Traqueteo entre los huesos y hallo
una línea que mutó por aquel roce.

Si la pulso, chispea y narra de nuevo
su pérdida, su miedo, su juventud.

Al lamerla dijiste: carne olvidada,
cola de dragón que bautiza errores.

La llamo balanza entre lo torpe y lo bravío.
Desde mi mano, un sarpullido de humanidad.

Refrán de amor,
cortavientos para la piel,
mece suave los márgenes del querer
e invita
—gozando,
ay, claro, gozando—
a sembrar agua salada.

Me buscaste aquel refrán de amor,
de mis manos cayeron pétalos.

Refrán de amor,
cortavientos para la piel,
suave mece del querer sus márgenes.

Si no cesas este delirio vocal
dormiré en una alfombra de espinas.

Yo no visto de seda,
ni me encontraste por el camino;
más vale mujer en mano
que deshilacharte el esófago
–gritando mi nombre–
que una rabia canina
que la espuma marítima
que el dorso de una nube.
Hilarante cesas.

Refrán de amor, quiero
cobijar en mi vientre una nutria,
taparla con una manta blanca.
Soltarme la melena y encender
una antorcha leve
acompañada en la noche.

Me asusta el horizonte con sus preguntas.
¿Es terrorífica una puesta de sol?
No.
Es más bien todo lo que le decimos al sol:
Mañana será otro.
Que viene la noche.
Ya desaparece.
Deja un rastro.

Tanta responsabilidad azarosa.

¿Son los recuerdos algo así como
raíces bien enredadas
imposibles de destripar?

Lo vivido
bien vivido está,
seguían cantando los niños.

Lo vivido
bien vivido está.

Lo vivido
bien vivido está.

Lo vivido
bien vivido está.

Y pensé que el desamor
encuentra en el refrán su hábitat.

Y al escucharlo
–siendo niña–
entendí
que un portazo no es
un punto y coma
ni un punto y final.

Quien bien te quiere
bien se va.

Quien bien te quiere
bien se va.

Quien bien te quiere
bien se va.

Quien bien te quiere
bien se va.

Quien bien te quiere
bien se va.

Descubrí entonces cómo las puertas
en cierta manera estaban embrujadas, ¿sabes?
        –niñerías, dijiste–,
no, solo hierbajos
en este cuerpo estelar.

Pero en el campo
no supe muy bien dónde empezaban las puertas.

Te fuiste tan tarde
como un verano andaluz.

El sol cayendo, piscina infinita,
la sombra de tus zapatos como una cueva
pero me tapé los brazos, besé la savia del olivo
y pensé que un te quiero a veces no es para
[tanto.

Querría tumbarme en el cielo,
el aire en la cara
y las costillas frescas
para verte, desde allá a lo alto, las entradas de
pelo y entrever
sobre quién rumias ahora.

Pero ya lo dije –aunque no te lo dije–
que un te quiero a veces suena a disculpa.

Ahora que soy un ave parcialmente
y que te he sobrevolado y olvidado,
me pregunto por el rumbo.
La tierra me quiere de pie e inquieta,
mis manos en los ovarios
suenan boom boom boom.

Pero si en un carril *malasfaltado*
nos tropezásemos de nuevo
–no creo que ocurra, pero–
te podría dar la mano
me sonreirías dócil

y, aun así
—quieta—
no susurraría un te quie

A amor mal correspondido,
ausencia y olvido

Torpemente intenté
pincharte un dedo en aquella rueca,
pero la que me dormí fui yo.

Era la verdad
        una zancadilla
una rosa un poco marrón
          esa ciudad de costa atestada en verano.

¿A quién culpas?
Creo que le pregunté o me preguntó
como caballos con delirio
        buscando lo insolucionable
en un salón amarillo huevo
        apaga la tele, ¿me oyes?
me dijo o le dije
        tenemos la cabeza distorsionada
de tanto drama con instrucciones de uso,
        pero no hay más opción
respondí o respondió
        la calle está satisfecha
los niños duermen
        el amor no viene hoy a nuestra casa.

Nos comimos tres pimientos
        con atún de lata
no había pan para rebañar
        por qué se te olvidó de nuevo comprar
pan
espetó o espeté
        no tienes remedio.
No tengo remedio
        no tenemos ni vacaciones
pero míranos
        —mira las luces, amor mío—
en esta habitación
cada cual en su sombrilla.

Me vas dejando migajas
por badenes tumultuosos
entre letras torcidas.

Y cuando las encuentro
me pregunto
            te suplico
si son restos de pan que te sobra

o me las dejaste ahí
para que hiciera de ellas
un puzle alimenticio
una ofrenda carnal
un remolino de versos emplatados.

¿Por qué no dices?

Son tan cómodos tus labios
pero en ellos solo duermo siestas.

¿No quieres ir a?
¿No quieres hacer el amor en?

Dejarme en la estancada
con un gracias por todo
nuestra historia de encuesta online
       satisfecha no
       triste sí
       hambrienta más.

Como si no hubieran bastado
palabras.

Será un otoño eterno;
será un otoño de cuatro años.

Te me has aparecido en un sueño y,

                    [aunque no quiera,
me recojo las vísceras,
las macero en manzanilla
y te escribo.
Te escribo algo de amor.

Treparemos por otros, ahora.

Era una tela de imitación de cuero
de imitación de rojo
la que tu pecho envolvía

> *Refrán de amor,*
> *refrán de amor.*
> *quizá me querías*
> *o quizá no.*

y cuando lo toqué
mis dedos estaban más cerca
de ser niña
que de mujer

> *Refrán de amor,*
> *refrán de amor,*
> *quizá te quería*
> *o quizá no.*

se iluminaron las yemas de mis dedos
de fondo, música electrónica
todo lo aprendido
empezó a gotear

> *Refrán de amor,*
> *refrán de amor,*
> *como si fuera*
> *premonición.*

Espuma en el pelo
hundimiento corpóreo
encuentro vegetal.

En el fondo marítimo, tan oscuro, todas esas
                                    [especies
que lo que querían era no ser vistas
–tan prudentes–
como aquella verdad
en la que desaparecías
–tan imprudente–.

Nos caíamos todas las hojas
de los árboles del templo de Debod.
nos mirábamos todas y no nos contábamos
cómo habíamos caído:

Yo me rompí.
Yo lo gocé.
Yo deseé.

Pero cuando tocó mi turno
las palabras chispearon
y, a riesgo de quemar,
callé.

El cristal de la ventana estaba cansado,
a su marco carcomido y marrón
se le colaba el aire fresco.
La habitación inspiraba
y se quedaba tibia.

El polvo subió de la alfombra persa
se quedó suspendido y meditativo.
Las paredes, blancas del susto,
los cuadros tan pesados en ellas
que le dolían sus huesos.

Como si el sol
—que siempre recuerda su forma—
no fuese nuevo cada mañana.

Refrán de amor,
refrán de amor.

¿Por qué me rimas
sin la razón?

**Ojos que no ven,
corazón que no siente**

No me pises las huellas.
No hay en ellas verdad.

Y sí, en aquel tramo
en el que ves la tierra
bailando con sarpullidos de barro mal
                              [dispuesto,
fue allí donde tuve que apoyarme en mis codos
para levantar los pies y mi cuerpo con vendas.

Te lo contaría todo.
Déjame mascar más saliva.

Ay, niño, qué calambres
me duelen las piernas
mira las venas
cómo se inundan
cómo gruñen
cantan grave
cosen mal
comen más de lo que deben.

Me duelen las piernas
me duele el alma
tráeme una rebeca blanca
gorda de punto.

Me duele la pena
me duele el riñón
me duelen las manos
me cantan las yemas
¿Te cantan las yemas?
Si cantan las yemas
que canten en alto.
Mirando pal cielo
mirando pa Dios.
Quiero sanación
en agua bendita
beberla en bidón
comprarme zarcillos
que sean de bronce,
tirarme en la tierra
que trague mis males.
Y así grite:

¡Ya no tengo males!

Y solo me queda
un alma cargada de polvo.

Si fueran estrellas,
si fueran, si fueran.

Esta laguna eterna
            no sé, no sé
de dudas perpetuas
de porsis
            pues no sé, no sé
de que mi mano instantáneamente te toque
mientras nos bañamos con el
            qué miedo, no sé.
¿Me agarrarías si me ahogo?
            No sé, no sé.
Tu mano no arranca
            y no sé por qué.
Si nado a la orilla y te veo lejano
agarro la tierra y me anclo al ahora
me embadurno en arena
me santifico
al cielo una cruz en mi frente.
Pero si me tocas
            no sé, no sé.

Sopa de sílabas
–tan silbante, qué sucia–.

Se me olvidó una palabra
llevo años buscando una boca
que la diga
con una sinceridad obesa.

Tan rápido y disparado iba el conejo
que se dejó su reloj
y al mirar las agujas
las pupilas se hipnotizaron.

¿Qué día es hoy?
Siempre es hoy excepto cuando el recuerdo
viene.
Ganas de acampar.

Agárreme, por favor, el minutero no pesa más
que el segundero,
que el mes de septiembre
o que aquel año con ocho festivos.

¡Este reloj es un descarado!

Señorita, siéntese, me dice un ser anciano
no se preocupe del devenir de las horas,
de cuánto tarda una gota en secar el asfalto,
y piense en el cielo.

Ya esté morado, alegre o durmiendo una siesta.
Siempre sigue meciendo.

En las horas leves
siempre un aguijón danza
sumiso e intelectual
renquea que no
trapea.

Pero goza,
sí goza,
de la exposición al mar.

No sabías a lo que me refería cuando hablaba
de la densidad entre la noche y el siguiente día
te expliqué cariñosamente
que hay una bruma oscura y salvaje
un telón de terciopelo azul marino
que corta suavemente
en un parpadeo estúpido
un día de otro.

Quizá miraste el reloj
o buscaste si ya se veía la luna pero
en tu deseo inquieto
con un silencio asentiste.

Ya fue otro día, amor,
ya fue otro día.

Cuando caigan todas las palabras
y se quemen los romanceros
quedará un píxel confuso
de lo que fueron nuestras certezas.

Se cambiará el menú,
se pondrá en una mesa de madera robusta
trozos de cielo
en platos de porcelana
y comeremos luz.

Y, antes de que podamos dormir,
susurraremos una nueva razón
con palabras inconformistas
–pero confortables–.

Y así rimaremos
y trenzaremos esas palabras,
un canto lento.

Más voces se unen,
más elástico se torna.

Refrán de amor,
refrán de amor,

¿y si en verdad fueras silencio?

Déjame escribirme un refrán...

Tambor que anuncias un bosque inhabitado
celebración descalza
desnudos los cuerpos para sacudir
y que se encuentre
–¡al fin!–
con retazos de abetos.

Si cayera una estrella
casualmente en mi pecho
me la comería y soñaría después
con lugares incandescentes
explicados con verbos intransitivos.

Todo como si fuera
potencialmente bello.

Contemplando aquel prisma
verde violáceo, azul amarillento.
todo tan nuevo y tan luminoso.
Un acontecimiento. Un acontecimiento.

Si yo quisiera por un momento
perdonar la noche,
me arrodillaría en su pecho,
me cosería el cuerpo en legañas,
tosería mirra,
me vestiría con aguas blancas
para galopar.

Estrellas,
estrellas,
estrellas.
Me saben a terciopelo.

Azul cinc tu cenefa.

Necesita la bestia
un refranero propio
en el que la culpa sea un poco menos estética
y la razón menos ortodoxa.

Necesita la bestia un cerdo rosa
al que cantarle baladas de amor.

Necesita la bestia unos zapatos de paja
unas manos verdes
y unos ojos diferentes cada día.

Si me mira a los ojos
mientras escribo en mi diario
yo me pregunto si soy libre.

Me responde en francés
y toca mi mano
que ahora es prótesis.

En una librería caoba
le cuento de las flores
de la densidad exacta de los pétalos de las rosas,
de la carne al caer al suelo.

Si es tiempo, decían, mortal y rosa.

Los susurros *rodamundos*,
almacenados en sabia
salieron y golpearon mi cuerpo
que la calma haga de mi piel un suavizante.

Recuerdan mis pies las raíces ferrosas
y en la desventaja
–pasión pura–
de las ideas flameadas
coarte el don
a un adjetivo de oscuridad.

He agotado las reservas
y he comprado algo al por mayor:
ganas para las tripas,
trigo molido para mi pecho,
hierbas provenzales y qué más.

Con las primeras gotas de otoño
añado todo a un caldero rebajado:
poción rosa,
jugo vital,
quien lo beba
empieza este juego.

¿Qué puedo escribir
falta de palabras?
solo puedo leer
solo puedo leer
solo puedo leer.

Leer antes de amar.

Pero la poesía,
hierve en una lata,
serrucho de almidón,
tercer ojo linterna encendida
era rojo y no corazón.

La hiedra prieta,
tirita mojada,
pero la poesía,
¡pero la poesía!

Se funde el deseo de carne
con una luz desterrada.
Pido un deseo.

Pido un deseo.

Que veas de mis manos sus costuras,
tengan suerte y se enreden con las tuyas
se harán nudos, sí, y los soltaremos
suaves
como la parte tierna de un tango.

Era un prisma lo que vi,
entre las hojas blandas
un camino para pasar
venía del cielo, claro,
venía de mi cintura también, claro,
y al intentar tocarlo solo vi
colores y algún que otro borrón,
los dedos humeantes.

No pensaba en la vida
porque la sentía en los pies.

Encuentro kármico es similar a
encuentro carnal y anímico.

Qué es el amor sino
querer ser centro.

He soñado con un nuevo refrán de amor.
Se me alargaban los brazos y me llegaban
a quien quería, rebeldemente.

Se me han roto todos los libros
y después de llorar, vomité
todas las palabras que contenían.

La palabra salió del cuerpo.
La palabra no se hizo carne.
La palabra se hizo refrán.

Pero solo montaba algún que otro te quiero.

Cantaban los niños
Te quiero, ahora,
Es nuevo, te quiero.

Los escuché cantar.

Refranero nuevo,
refranero nuevo,
¿amaréis mejor?

No sé ya cómo decirte
que el amor no es palabra,
que el amor es luz.

Cantaban los niños:

No sé ya cómo decirte
que el amor no es palabra,
que el amor es luz.

Canté con los niños, entonces.

Cada vez que la noche es más tibia
sin amor se enfría
Natalia Lafourcade, *En el 2000*

En la calle me desvelo
gritos de fondo
el asfalto siempre con esa firmeza intransigente.

Me gustaría definir la noche
y llamarla algo más que oscura.

Los huesos recordándome la soledad.
Miro arriba: hay un astro verde.

Allí siguen las ciudades
allí se topan los amantes.

Cuando se me llene la boca de arrugas,
contaré intercalando alguna sonrisilla
y estrecharé los labios para enfatizar
que besé, besé y no dije,
que besé y también dije basta,
que en octubre me enamoré de una manera muy
[tonta
tantas veces.

Todo eso contaré con mil surcos en la cara,
los ojos dos abanicos
y las palmas de las manos
blancas como espuma.

REFRÁN DE AMOR

Nota de la editora

Esta obra ha sido financiada gracias a los ingresos obtenidos por la venta de los títulos editados por Piezas Azules hasta ahora, muchas gracias a los autores de los mismos:

Ropa tendida (ocho coladas), de Patricia Lodín
Ansiógeno, de Jesús Alonso García
Primer Párrafo, de Paloma Mozo Sanjuán
Donde planean los pájaros, de Mara Carver
El papel de un cromo, de Marian Peyró
Intentar la casa, de Andrea López Montero
Música y leyenda, de Javier Lodín
Podía haber sido de otro modo, de Irene Torres Redecilla
Días de Reykjavík, de Ernesto Diéguez Casal
Tiempo de frutos, de Ramiro Gairín
Estratos, de Mariano Peyrou y Mar Lozano
Nunca esta lengua, de Virginia Saji
Herbario de amores dulces, VVAA
Palpar la luz, de Ana Casado
Las claves del Vuelo 605, de Javier Lodín
Mosaico de barr(i)o movedizo, de Salomé Ballestero
El pulso herido, de Daniel Herrera
El miedo tranquilo, de Mariano Peyrou y Mar Lozano
La Sal, de Jimena Cid y Ana Cid
Caleidoscópica, de María José Beltrán
La dulzura del ornitorrinco, de Andrea López Montero
Modelo de escritura 354, de Álvaro Bueno Sáez

El amor es condicional, el amor es adversativo, el amor es un cuento que se canta y donde uno no sabe ya cómo decir. El amor no se parafrasea, pero se parafrasea. Hace burla y riñe y pone la voz aguda y cansa y duda. El amor no viste. Tiene carne, galope, le sucede el tiempo, la caída de la hoja, el cuerpo todo se fragmenta, se hace ojos, manos, bosque, migajas, torpeza, un corazón con forma de castaña y el soniquete ahí al fondo de las viejas costumbres de cómo debe, de cómo debería ser ese amor. Inocencia sin lobo que nos advierta el peligro, la bestia es más bien propia, nos confiesa Sofía, y desdice lo dicho y rehace los dichos, muy redicha, también. Leer antes de amar, leer pese al amor, este camino agridulce, con las costuras que confiesan que besar se besa y se besa y se dice basta y una se enamora de una manera muy tonta, tantas veces.

Todo esto es el poemario que ha escrito Sofía, esto es lo que nos llega entre un mundo pop, con *pos-it* fosforitos y café para llevar, en esta ironía inteligente que la autora usa y comparte en estos poemas que nos sacan sonrisas y nos vuelven un poco niñas también.

Tuvimos la suerte de recibir el manuscrito en Piezas y entonces Sofía me permitió celebrar junto a ella estos poemas, afilarles el sonido, juguetear con esos cantos que dicen y persiguen y sonríen. Me dejó también ponerle *rosayrojocolordepiojo* a las ilustraciones, cuero y pezoneras a los querubines, para seguir la diversión. En ese proceso me pasó muchos *stickers* de folclóricas y muchos corazones con llamitas y así quedé yo, encandilada y llenita de arena de playa fucsia, metafórica y brillante. Y es así como escribo esta nota de editora, tras saltar hogueras y cuchichear, marujeando feliz.

Eres una afortunada, lectora, por tener este libro en las manos, quizá tengas ahora nuevos refranes con que seguir, seguro está aquí la voluntad de inventarlos, más ácidos y verdaderos esta vez.

Andrea López Montero, diciembre de 2024.

Este libro ha sido impreso en la periferia, porque el amor también sucede en los polígonos.

El libro estrena un año donde las rimas saben jugar también y con el mismo empeño de pilla-pilla nos burlan en la cercanía del calendario diciendo ¡ja!. Si un día se conmemora la depresión, tres días más tarde se celebran las croquetas: bajo la luz de estas contradicciones tan de feria y castañas calientes se imprime este libro. Cuidado que ahí cerca vienen las flechitas fucsias .